EMF3-0054
合唱楽譜<J-POP>
J-POP
CHORUS PIECE

合唱で歌いたい！ J-POPコーラスピース

女声3部合唱

春よ、来い

作詞・作曲：松任谷由実　合唱編曲：田中達也

●●● 曲目解説 ●●●

春といえば誰もが思い浮かべるこの歌は、松任谷由実が1994年にリリースした楽曲です。日本の風情ある春の風景を叙情的な日本語を用いて美しく艶やかに表現した歌詞は、流れるような音楽と共に心地よく耳に残ります。この商品は、旧商品『春よ、来い〔女声3部合唱〕』（品番：EME-C6009）に2番を追加したもので、フルサイズで演奏していただけるアレンジとなっています。冴えわたるハーモニーで存在感ある歌詞を印象づけるかのような、とても素敵な一曲です。歌詞に秘められた想いを歌声にのせて、美しい春を演出してみませんか。

【この楽譜は、旧商品『春よ、来い〔女声3部合唱〕』（品番：EME-C6009）の改訂版です。】

ELEVATO
MUSIC ENTERTAINMENT

春よ、来い

作詞・作曲:松任谷由実　合唱編曲:田中達也

8
mp
Hum.
div.
Fm
Fm7/E♭
D♭M7
G♭M7(♯11)/D♭
(8va)
8va
(l.v.)
A
12
unis.
あ わ き ひかりたつ に わ かあめ い と し おもかげの ち ん ちょうげ
き み に あずけしわ が こ ころは い ま で もへんじをまーっ て いっます
Fm D♭M7 E♭ A♭ D♭M7 E♭ A♭ E♭/G C7sus4 C
16
Oo
ひ とつー ひ とつー
ずーっとー ずーっとー
Ah ah
mf
あ ふ る るなみだの つ ぼ みから ひ とつー ひ とつー か おりー はじ めるー それは
ど れ ほ どつきひが な が れても ずーっとー ずーっとー まーって ーーい ますー それは
Fm D♭M7 E♭ A♭ E♭/G Fm Cm7 D♭M7 E♭ Fm

20
B
mp
f
ah
はるよ
はるよ
ー それはー そらをー こえてー やがてー やがてー むかえー にくるー はるよ
ー それはー あすをー こえてー いつかー いつかー きーっとー とどくー はるよ
ー それはー そらをー こえてー やがてー やがてー ーむかえにく
ー それはー あすをー こえてー いつかー いつかー ーきーっととど
D♭M7
E♭7/D♭
D♭
Fm/C
B♭m9
E♭7(♭9)
A♭M7
A♭7
mf
24
C
più f
ー とおき はるよー まぶたー とじれーばそこにー あいを
ー まだみ ぬはるー まよいー たちどーまるときー ゆめを
ー はるよーーー はるよー まぶたー とじれーばそこにー あいを
ー はるよーーー はるよー まよいー たちどーまるときー ゆめを
る はるよー はるよーはる よ まぶたーとじ れ ば そこにー あいを
く はるよー はるよーはる よ まよいーたち ど ま るときー ゆめを
B♭m7/D♭
E♭
Fm
8va
28
1.
ー くれしきみのー
ー くれしきみのー
Oo
ー くれしきみのー なつかしーきこえがするー
ー くれしきみのー まな
ー くれしきみのー きみーの こえがするー
ー くれしきみのー きみー
Fm7/E♭
D♭M7
(8va)

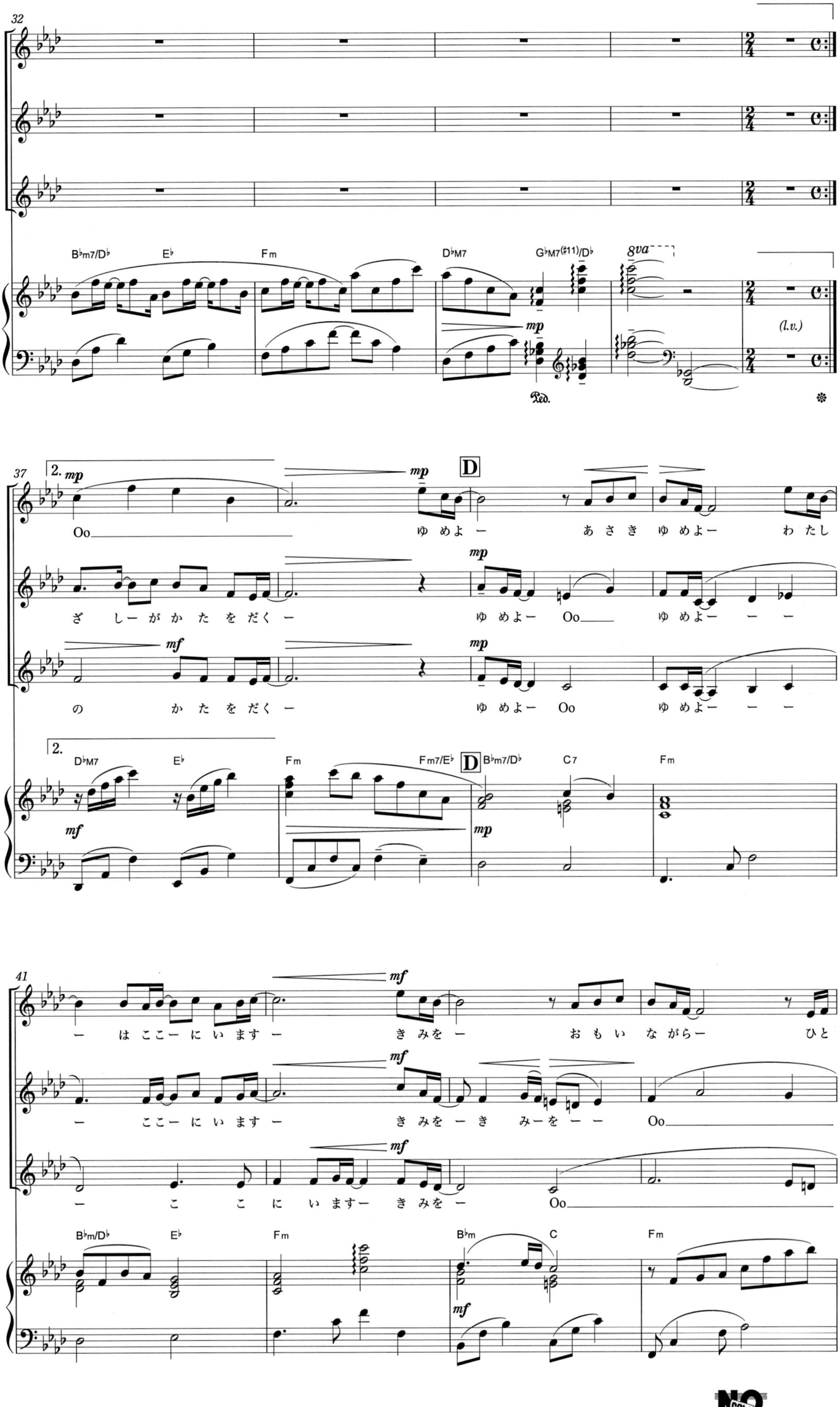
32
B♭m7/D♭ E♭ Fm D♭M7 G♭M7(♯11)/D♭
8va
mp
(l.v.)
Ped.
37
2.
mp
Oo
ゆ め よ ー あ さ き ゆ め よ ー わ た し
mp
ざ し ー が か た を だ く ー
ゆ め よ ー Oo ゆ め よ ー ー ー
mf
の か た を だ く ー
ゆ め よ ー Oo ゆ め よ ー ー ー
D
D♭M7 E♭ Fm Fm7/E♭ B♭m7/D♭ C7 Fm
41
ー は こ こ ー に い ま す ー き み を ー お も い な が ら ー ひ と
ー こ こ ー に い ま す ー き み を ー き み ー を ー ー Oo
ー こ こ に い ま す ー き み を ー Oo
B♭m/D♭ E♭ Fm B♭m C Fm

45
り あー る い て い ます ー
— oo
な が る るー あ め の ご と く ー
— oo
な が
D♭M7 E♭ Fm D♭M7 E♭ Fm
49
は る
は る
る るー は な の ご と く ー
は る
D♭M7 E♭ Fm
E
52
よ と お き は る よー ま ぶ たー と じ れー ば そ こ に
よ と お き は る よー ま ぶ たー と じ れー ば そ こ に
よ と お き は る よー ま ぶ たー と じ れー ば そ こ に
B♭m7/D♭ E♭ Fm B♭m7/D♭ E♭

55
ー　あ い を ー　く れ し き み の ー　な つ
ー　あ い を ー　く れ し き み の ー　な つ
ー　あ い を ー　く れ し き み の ー　な つ
Fm　B♭m7/D♭　E♭　Fm　Fm7/E♭
58
più f
F
か し ー き こ え が す る ー　は る よ ー　ま だ み
か し ー き こ え が す る ー　は る よ ー　ま だ み
か し ー き こ え が す る ー　は る よ ー　ま だ み
D♭M7　E♭　Fm　Fm7/E♭　B♭m7/D♭　E♭
61
ぬ は る ー　ま よ い ー　た ち ど ー ま る と き ー　ゆ め を
ぬ は る ー　ま よ い ー　た ち ど ー ま る と き ー　ゆ め を
ぬ は る ー　ま よ い ー　た ち ど ー ま る と き ー　ゆ め を
Fm　B♭m7/D♭　E♭　Fm

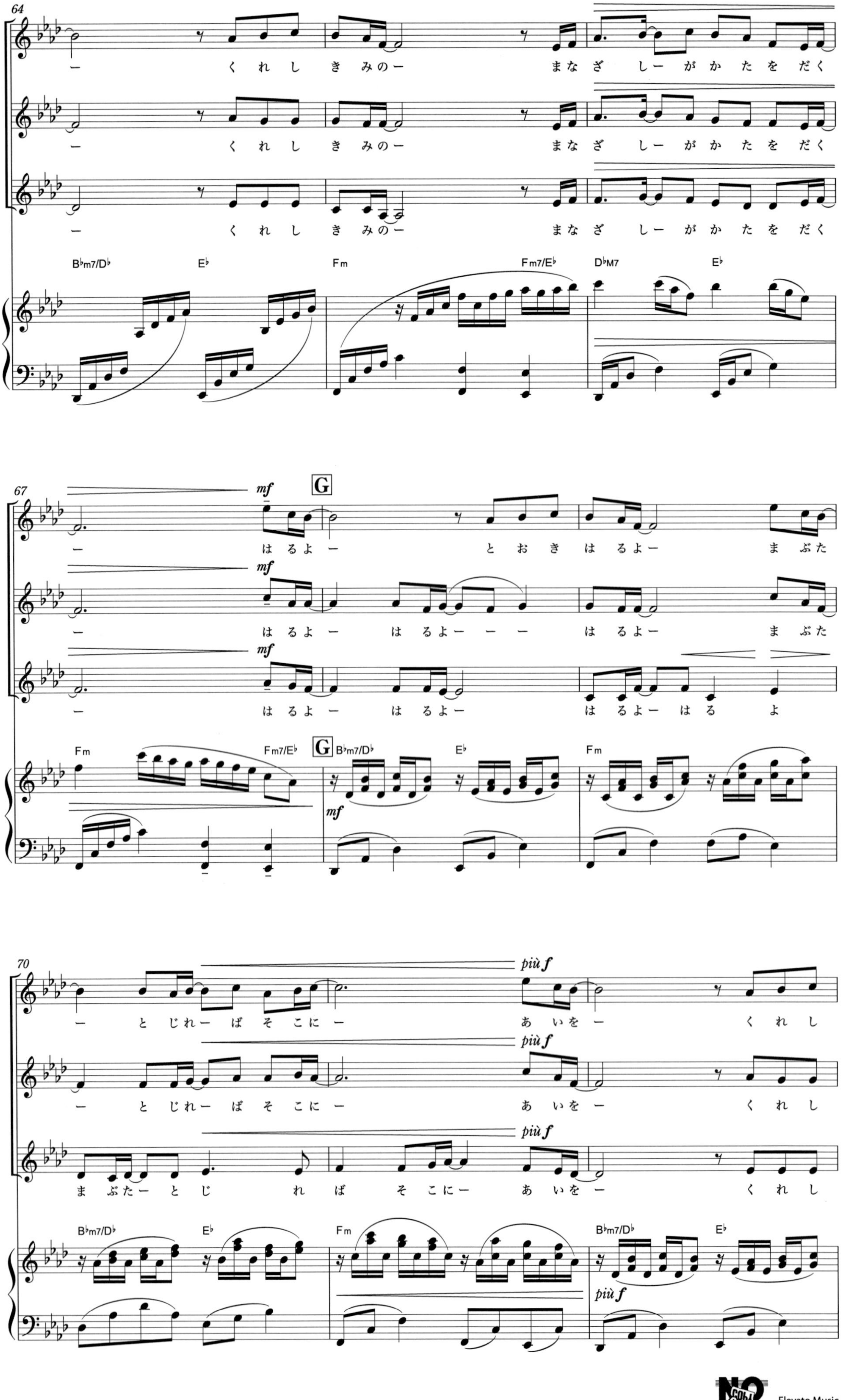
64
ー くれしきみのー まなざしーがかたをだく
ー くれしきみのー まなざしーがかたをだく
ー くれしきみのー まなざしーがかたをだく
B♭m7/D♭ E♭ Fm Fm7/E♭ D♭M7 E♭
67
mf
G
ー はるよー とおきはるよー まぶた
ー はるよー はるよーーー はるよー まぶた
ー はるよー はるよー はるよーはるよ
Fm Fm7/E♭ G B♭m7/D♭ E♭ Fm
mf
70
più f
ー とじれーばそこにー あいをー くれし
ー とじれーばそこにー あいをー くれし
まぶたーとじれば そこにー あいをー くれし
B♭m7/D♭ E♭ Fm B♭m7/D♭ E♭
più f

73
mf
きみのー
Oo
はるよ
きみのー
なつかしーきこえがするー
はるよ
きみのーきみーの
こえがするー
はるよ
Fm
Fm7/E♭
D♭M7
E♭
Fm
Fm7/E♭
76
H
ーまだみ
ぬはるー
まよいー
たちどーまるとき
ーはるよーーー
はるよー
まよいー
たちどーまるとき
ーはるよー
はるよーはるよ
まよいーたちど
B♭m7/D♭
E♭
Fm
B♭m7/D♭
E♭
mf
79
ーゆめをー
くれしきみのー
ーゆめをー
くれしきみのー
まるときーゆめをー
くれしきみのーきみー
Fm
B♭m7/D♭
E♭
Fm
Fm7/E♭

82
mp
Oo
まなざしーがー
かたをだ
Oo
かたをだ
の
ー
Oo
かたをだ
Dm7(♭5)
D♭M7
E♭
86
I
くーー
Oo
B♭m7/D♭
E♭
Fm
Fm7/E♭
8va
mf
90
p
Hum.
div.
D♭M7
G♭M7(♯11)/D♭
F6(9)
Fadd9
(l.v.)
Ped.

春よ、来い

作詞：松任谷由実

淡き光立つ　俄雨（にわかあめ）
いとし面影の沈丁花（ちんちょうげ）
溢るる涙の蕾（つぼみ）から
ひとつ　ひとつ香り始める

それは　それは　空を越えて
やがて　やがて　迎えに来る

春よ　遠き春よ　瞼（まぶた）閉じればそこに
愛をくれし君の　なつかしき声がする

君に預けし　我が心は
今でも返事を待っています
どれほど月日が流れても
ずっと　ずっと待っています

それは　それは　明日（あす）を越えて
いつか　いつか　きっと届く

春よ　まだ見ぬ春　迷い立ち止まるとき
夢をくれし君の　眼差しが肩を抱（だ）く

夢よ　浅き夢よ　私はここにいます
君を想いながら　ひとり歩いています
流るる雨のごとく　流るる花のごとく

春よ　遠き春よ　瞼（まぶた）閉じればそこに
愛をくれし君の　なつかしき声がする

春よ　まだ見ぬ春　迷い立ち止まるとき
夢をくれし君の　眼差しが肩を抱（だ）く

ELEVATO MUSIC ENTERTAINMENT

エレヴァートミュージックエンターテイメントはウィンズスコアが
展開する「合唱楽譜・器楽系楽譜」を中心とした専門レーベルです。

ご注文について

エレヴァートミュージックエンターテイメントの商品は全国の楽器店、ならびに書店にてお求めになれますが、店頭でのご購入が困難な場合、下記PC＆モバイルサイト・FAX・電話からのご注文で、直接ご購入が可能です。

◎PCサイト＆モバイルサイトでのご注文方法

http://elevato-music.com

上記のアドレスへアクセスし、WEBショップにてご注文ください。

◎FAXでのご注文方法

FAX.03-6809-0594

24時間、ご注文を承ります。上記PCサイトよりFAXご注文用紙をダウンロードし、
印刷、ご記入の上ご送信ください。

◎お電話でのご注文方法

TEL.0120-713-771

営業時間内に電話いただければ、電話にてご注文を承ります。